Liebe(r) ....Julia................!

Du hast es geschafft! Nach dem Gesetz bist Du jetzt ein vollwertiger Mensch mit allen Rechten und Pflichten! Was auch heißt, Du mußt nun für Deinen Einbruch selber geradestehen, kannst aber auch Deinen Lottogewinn persönlich abholen!

Oh doch, es ist eine neue Lebenserfahrung, die Dir zeigt, daß Du nun machen kannst, was **Du** willst. Daß Dich alle daran hindern wollen, ist die nächste Lebenserfahrung.

Bei der Bewältigung dieser Gemeinheit wünsche ich Dir Mut, Glück und gute Laune. (Von Fall zu Fall kannst Du ja jederzeit auf Deine ehemaligen Erziehungsberechtigten zurückgreifen!) Bleib cool und locker, dann haut Dich nichts vom Hocker!

Hau rein! Ruft......

Peter Butschkow

*Herzlichen Glückwunsch!*

Lappan

# Volljährkost

*Du mußt jetzt an Dein Alter denken! Und dazu gehört die tägliche Gesundheit, denn Dein Körper braucht jetzt mehr als Hamburger oder Dortmunder: Volljährkost so heißt die Ernährung Deiner Zukunft!*

*Unser Tip:*

*Frühstück: Vollkornfritten mit ganzen Tomaten und Majo Natur.*

*Mittag: Sesam Dog mit Currybündchen auf Erdnußriegel.*

*Abends: Zwölfkornbrot mit Selleriespitzen und belegter Zungenwurst.*

*Und über alle Gerichte natürlich 'ne scharfe Ketchup-Mütze. Das kommt dermaßen gut!!*

Anzeige

**Spk**

# IN SIEBZIG JAHREN BIST DU ACHTUNDACHTZIG!

Willst Du dann auf alles verzichten?

Verzichten auf das geliebte Surfbrett?

Verzichten auf das Wochenende auf Orion?

Verzichten auf den Sex-Computer?

## NEIN!!!

Sichere Deine Zukunft mit einem Konto bei der Bank.
Damit Du heute weißt, was Du morgen locker abgreifen kannst.

### SPASSKASSE
Fun und junge Zinsen.

# Los, antworte!

Der eine Käfer hat rundum insgesamt 6 Punkte und der andere 18 Punkte. Welcher von beiden ist volljährig?

Antwort: Keiner. Die weißen Punkte sind nur Zahnpastaflecken. Blöd, oder?

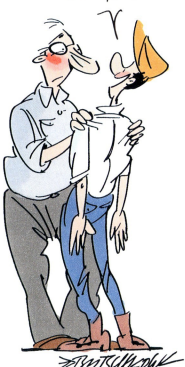

# Gestatten? Mein Name ist Ernst!

*Korrekt heiße ich **Ernst Deslebens!** Ach, Du hast schon von mir gehört? Sicher von den Älteren, die immer so tun, als würden sie mich bestens kennen, wären mit mir durch dick und dünn gegangen und hätten nur schlechte Erfahrungen mit mir gemacht?*
*Laß Dir nichts erzählen! Ich bin nicht so übel, wie die verbreiten. Die machen mich für alles verantwortlich, dabei sind sie oft ganz alleine Schuld. Ich zwinge keinen. Man verdächtigt mich sogar, daß ich mit dem Schicksal im Bunde stehe, aber damit will ich nichts zu tun haben.*

*Was kann ich dafür, wenn Du so bescheuert Auto fährst oder Dir'nen Sack Schulden ans Bein hängst? Was hab ich damit zu tun, wenn Du die falschen Freunde hast oder Deinen Kopf mit Drogen vernebelst?*
*Nein, nein, das zieh ich mir nicht an, da ist allein der Kollege Dummheit dafür verantwortlich, vor **dem** mußt Du Dich in acht nehmen, nicht vor mir. Ich? Ich bin Ernst Deslebens, ich bin okay. Mit mir kann man gut auskommen. Überleg's Dir!*

**Hier siehst Du wiederum eine Person, die gleichermaßen ihren Oberkörper entblößt. Was bewirkt der Anblick in Dir?**

1) Fürsorge!
2) Du empfindest Geborgenheit?
3) Du mußt herzlich lachen?
4) Dir wird warm?
5) Du möchtest offen sprechen?

(Zugegeben, mit diesen beiden Seiten wollen wir nur unserem verlegerischen Auftrag gerecht werden und zur Aufklärung und Bewußtseinsbildung innerhalb der Geschlechter beitragen. Wenn uns das nicht geglückt ist, um so besser!)

# Das Horoskop

Volljährigen steht jetzt ein ganzes Leben ins Haus. Alte Zeiten sind vorbei, neue kommen auf Dich zu. Es wird zu Begegnungen kommen. Viele Rechnungen werden beglichen, andere werden gemacht. Vorsicht vor verpaßten Gelegenheiten!

### Das Gebet.

Lieber Gott, ich bin jetzt reif,
für Autos, Girls und Disco-life.

Für Klamotten, cool und fein,
drum steck mir täglich Kohle ein.

*Bock auf Drudel? Bitteschön:*

# Was ist das?

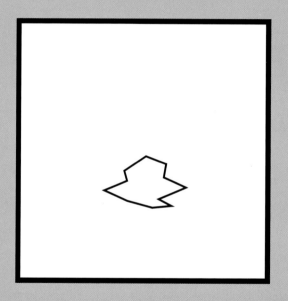

Schnipsel des Papiers, in dem Du
versprochen hast, ab dem
18. Lebensjahr mit dem Rauchen
aufzuhören!

# VOLLJÄHRIGKEITSBERATUNG

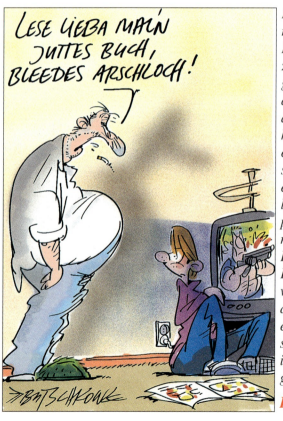

*Dein Vater hat jetzt nicht mehr das Recht, Dir in den Action-Film zu quatschen, geschweige denn, Dich zu beleidigen. Du hingegen darfst ihn nun darauf hinweisen, daß es erstens seine Videos sind, und zweitens, daß er auf Dich schon längere Zeit einen ungepflegten Eindruck macht. Zudem möchtest Du nicht gerne, daß Eure Nachbarn deswegen schlecht von Dir denken. Eltern tun sich erfahrungsgemäß schwer, wenn man ihnen intelligente Antworten gibt.*

**Hab Geduld!**

## WAHLANZEIGEN
**Politische Anzeigen**

### WIR KRIEGEN DEN ARSCH HOCH!

Junge Kandidaten von JU, SPD, FDP, WG-NF etc. für die Kommunalwahl stellen sich im Rahmen der Jugendinitiative SH vor: **nächsten Sonntag, 14.00 Uhr, Obsens Hotel, Husum.**

Veranstalter:
Junge Union NF

**GEWERBLICHE**

(Aus den „Husumer Nachrichten", 28.10.93)

Verdammt, welchen Arsch meinen die? Anders gefragt, vor welchen Arsch stellen sie sich? Und ist „Arsch" wirklich ein gut gewähltes Wort? Hätte man nicht besser „Doppelbacke" sagen können? „Wir kriegen die Doppelbacke hoch!" - das wär's doch! Solltest Du wirklich in die Politik gehen? ... aber darüber reden wir im nächsten Buch.

# Frage ruhig!

Caroline P.:
**„Muß ich nun als Volljährige meine Clique verlassen?"**

Antwort: Kannst Du die Frage nochmal wiederholen?

**„Muß ich nun als Volljährige meine Clique verlassen?"**

Antwort: Welche Vollhaarige hat ihre Krücke verlassen, fragst Du? Sorry, keine Ahnung!

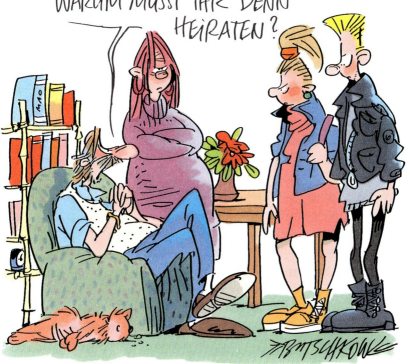

# DU!

**Du** mußt jetzt alleine schwimmen,
in dem großen Lebensmeer,

**Du** kannst jetzt für Dich bestimmen,
und es wird anders als bisher.

**Du** kannst jetzt alleine fahren,
mit dem eignen Führerschein,

**Du** siehst den Film ab 18 Jahren,
auch in den Sex-Shop darfst Du rein.

**Du** wirst jetzt lieb gehabt von Banken
Vertreter stürmen auf Dich ein.

**Du** kannst nun reisen ohne Schranken,
und vor Gericht stehst Du allein.

**Du** löffelst künftig jede Suppe,
die Du Dir selber fabrizierst.

**Du** spielst nicht mehr mit Colt und Puppe
jetzt kommt das Leben, ungeniert.

Altjährige schockiert Volljährigen

# Die Top-Ten in den „Full age" Charts!!

**Platz 1:** „Lange genug!"
Die vollen Hosen

**Platz 2:** „Du hast mir nichts mehr zu sagen!"
Werner Pe

**Platz 3:** „Die da, waren für mich nie da!"
Die fanatischen Vier

**Platz 4:** „Jetzt geht's los!"
Der Brunsbütteler Fährmanns-Chor

**Platz 5:** „Ich brech aus, ich brech ab!"
Matthias Rom

**Platz 6:** „Vorbei, vorbei, die Tyrannei!"
Ulla Steinickel

**Platz 7:** „Danke, liebe Eltern beid!"
Die Heidelberger Herzkasperln

**Platz 8:** „Mutti!"
Biene

**Platz 9:** „My way!"
Frankie And The Sizzlers

**Platz 10:** „Platz da!"
Pinky Polarde

# BIST DU REIF FÜR'S LEBEN ???

**EIGNUNGSTEST**

*Deine zwei Jahre jüngere Freundin/Dein jüngerer Freund möchte Dich heiraten.*

a) Du willst erst Deine Eltern fragen.
b) Du willst erst mit Deinem Anwalt reden.
c) Du willst erst mal nach Hollywood.
d) Du lehnst ab.
e) Du willigst ein.

*Antwortanalyse*

a) = Du bist einfach noch ein Gummibärchen.
b) = Du nimmst die Angelegenheit sehr ernst.
c) = Genau! Mal sehen, was in Amerika so läuft!
d) = Du bist okay!
e) = Du bist blöd.

*Eine große Bank will Dir massiv Geld borgen!*

a) Du nimmst den Betrag nur unter Vorbehalt an.
b) Du willst Sicherheiten.
c) Du kaufst sofort Deine Lieblingsboutique.
d) Du kaufst Deine Disco.
e) Du kopierst Dir Dein Geld lieber selber.

*Antwortanalyse*

a) = Du beweist Umsicht.
b) = Du beweist Strenge.
c) = Du bist nur hinter Stoff her.
d) = Du machst einen Fehler.
e) = Endlich verstehst Du.

### *Du hast die Möglichkeit, eine Beamtenlaufbahn einzuschlagen.*

a) Du schlägst Dich grundsätzlich nicht.
b) Du wolltest im Leben eigentlich lieber arbeiten.
c) Du lehnst ab, wegen Deiner Staub-Allergie.
d) Du willst lieber berühmt werden.
e) Dir wird schlecht.

*Antwortanalyse*
a) = Du bist gut.
b) = Du machst Karriere.
c) = Du brauchst einen Freiluftberuf.
d) = Du spinnst.
e) = Du bist sensibel.

*Vielleicht konnte Dir dieser kleine Test ganz groß helfen? Für eventuelle Persönlichkeitsveränderungen übernehmen wir jedoch keine Haftung.*

# *Der große Roman.*

Roman war jetzt achtzehn und unheimlich froh. Ende.

# Gefahren des Alltags! VORSICHT, FALLE!!

## Heute: Der Steuertrick!

Tritt Dein ehemaliger Erziehungsberechtigter auf Dich zu und schüttet einen Sack Geld über Dich aus, so freue Dich nicht zu früh! Aus steuerlichen Gründen verschenken Eltern zu Lebzeiten gerne Geld an ihre Kinder, um damit künftige Erbschaftssteuern zu sparen. Das kommt Dir letztlich wohl zugute, im Augenblick kannst Du aber nichts damit anfangen, weil Deine Eltern Dir die Verfügungsgewalt über den Schatz verwehren. Bestellte Autos, Hi-Fi-Anlagen oder Weltreisen mußt Du rückgängig machen.
Ja, so sind sie, die Eltern ...

# Zivilcourage, jetzt!!

Autor und Verlag haben sich
in langen Gesprächen in den
mehrstündigen Mittagspausen
darüber geeinigt, daß ein kleines
Geschenkbüchlein wie dieses
über den reinen Gratulationswert
hinaus auch noch die Aufgabe
hat, das Bewußtsein und die
Meinung des Lesers zu schärfen
und zu beeinflussen!
Heute engagieren wir uns für
die strapazierte Natur
und bitten Dich, dieses Aktions-
symbol nebenan fein säuberlich
auszuschneiden und immer
gut erkennbar an Dir zu tragen!
**Tu was, aber tu's!**

**Peter (Alfred Paul) Butschkow**
Im August 1944 in Cottbus bei Berlin geboren.
Nach mittelmäßigem Schulabschluß in mittelmäßiger Schule,
Besuch einer privaten Kunstschule. Nach vier Semestern mit
einem Aktmodell ausgebrochen. Flucht in eine Setzerlehre.
Nach einem Jahr mit einem Kittel voller Bleilettern zur
Akademie für Graphik geflohen. Parallel dazu ganz der Pflege
von außerhäuslicher Rockmusik bzw. Schlagzeugfellen
hingegeben. Studium zum Entsetzen der Eltern tatsächlich
vollendet und Marsch durch werbegraphische Karriere
begonnen. 1979 entnervt der Stadt entflohen und
Landlebeträume im Bergischen verwirklicht. 1983 im
Liebesglück nach Hamburg gezogen und zwei Söhne gezeugt.
1988 mit der ganzen Familie wiederum ins Grüne, nach
Nordfriesland gezogen. Dort sitzt er nun unterm Reetdach
und gratuliert herzlich zur Volljährigkeit!

**Bei Lappan sind von Peter Butschkow lieferbar:**
*Herzlichen Glückwunsch zum 20., 30., 40., 50., 60. Geburtstag,*
*Zur Hochzeit, Zur Pensionierung und Zur Volljährigkeit.*
*Vielen Dank für die nette Behandlung, Vielen Dank für die herzliche Einladung,*
*Vielen Dank für die freundliche Hilfe, Viel Spaß in der neuen Wohnung, Viel*
*Spaß im Büro, Männer! Wehrt Euch!, Peter's Höhepunkte,*
*das Comicbuch Alles geht! Siegfried kommt!,*
*Cartoons für Singles, Tennisfans und zur Hochzeit. Außerdem*
*ist Peter Butschkow in weiteren Büchern der Reihe „Lappans Cartoon-Geschenke", mit*
*farbigen Zeichnungen vertreten.*

Gedruckt auf chlorfrei gebleichtem Papier
12. - 19. Tausend
2. Auflage Dezember 1994
© 1994 Lappan Verlag GmbH, Postfach 3407, 26024 Oldenburg
Reproduktion: litho niemann + m. steggemann gmbh, Oldenburg
Gesamtherstellung: Proost International Book Production,
Printed in Belgium, ISBN 3-89082-489-7

# Bücher, die Spaß bringen!

Reinhard Alff
**Viel Spaß
als Azubi**

Reinhard Alff
**Viel Spaß
mit Computern**

Peter Butschkow
**Viel Spaß in der
neuen Wohnung**

Sebby
**Viel Spaß
beim Studieren**

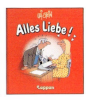
Uli Stein
**Alles Liebe!**

Claus
**Viel Spaß
beim Surfen**

Wilfried Gebhard
**Viel Spaß
mit Musik**

Uli Stein
**Viel Spaß
beim Autofahren**

Uli Stein
**Viel Spaß
beim Sport**

Erich Rauschenbach
**Viel Spaß
in der Kneipe**

# Lappans Viel-Spaß-Bücher

Kai Felmy
**Ich mag Dich!**

Friedel Schmidt
**Viel Glück!**

Peter Butschkow
**Zur Pensionierung
herzlichen Glückwunsch**

Herzlichen-Glückwunsch-
Bücher gibt's zum 20., 30.,
40., 50. und 60. Geburtstag.

Vielen-Dank-Bücher
gibt's auch zu anderen
Gelegenheiten.